LES PETITS PRODIGES

CM2/6e

10-11 ans

FRANÇAIS

Antoine Houlou-Garcia

la librairie des écoles

 - ISBN 978-2-369-40568-9
7, place des Cinq Martyrs du Lycée Buffon, 75015 Paris

Sommaire

Avant-propos

Voici un ouvrage original dont nous espérons qu'il plaira à vos enfants, ainsi qu'à vous !

Chaque page propose un problème à résoudre. Un « problème » ? Voilà un mot négatif et bizarrement choisi. D'ailleurs, qu'appelle-t-on un problème ? Tout simplement une question dont la réponse ne vient pas immédiatement à l'esprit, qui demande de la réflexion, de la patience, des essais, des erreurs, de la persévérance. Un problème, en un mot, ce n'est pas facile – mais c'est intéressant !

Pour résoudre ces « problèmes » – que vous pouvez aussi nommer énigmes, défis, challenges, jeux, casse-têtes... – les enfants apprennent trop souvent à l'école des procédures, des recettes toutes faites, qui leur garantissent certes de trouver la solution, mais leur ôtent le plaisir de la chercher.

L'idée de ce cahier est donc d'entraîner les enfants à choisir la bonne démarche, à élaborer la bonne stratégie. Il s'agit de leur apprendre à prendre le temps de la réflexion et à ressentir le plaisir de se tromper pour mieux se corriger.

Nous vous invitons à ne pas considérer ce livre comme un cahier d'exercices classique avec des typologies d'activités qui se répètent, dont il s'agirait de trouver tant de bonnes réponses, ou de remplir tant de pages pour devenir bon en français. Nous vous encourageons au contraire à prendre du temps, en famille, pour faire de chaque énoncé l'occasion d'un dialogue ouvert, d'un défi à relever, pour proposer plusieurs stratégies, plusieurs façons de trouver la réponse, pour faire des dessins représentant les situations décrites, pour écrire un brouillon, effacer, recommencer, etc.

Nous avons veillé à ce que tous les exercices proposés dans ce livre soient réalisables grâce aux notions du programme de l'année concernée : vous n'y trouverez donc pas de cours, pas de leçon, pas de définition. C'est à leur sens logique – et à leur persévérance – que les enfants vont devoir faire appel pour trouver la bonne stratégie.

Aidez-les et montrez-leur l'exemple en étant vous-même patient, curieux et de bonne humeur. Ils découvriront ainsi comme il est intéressant de réfléchir et, ce faisant, ils feront de véritables progrès en français !

Responsable éditoriale : Fanny Mezzarobba
Édition : Dorothée Rouffiac
Illustration de la couverture : Aurélie Quintard
Illustrations de l'intérieur : Violette Grabski
Relecture : Sophie Petitprêtre
Conception graphique de la maquette de couverture et intérieure : Primo&Primo
Mise en page : STDI
Police cursive : SG Cursive © 4 HEURES
Achevé d'imprimer en mai 2021 en France par Présence Graphique
Dépôt légal : juillet 2021 – N° éditeur : LDESI20200079
PEFC 10-31-2677

Tabernacle !

Lis le texte suivant, puis coche le meilleur titre.

Dès 1534, Jacques Cartier, un navigateur et explorateur français, explora le Canada et commença la conquête de ce qui s'appela d'abord la Nouvelle-France puis la Louisiane, en l'honneur de Louis XIV. À la fin du XVIIIe siècle, la France possédait ainsi une grande partie du territoire qui appartient aujourd'hui aux États-Unis d'Amérique. En 1803, Napoléon Bonaparte ne savait pas quoi faire de ce grand territoire très éloigné de la France : comme les États-Unis venaient de naître, il eut l'idée de le leur vendre. Cela permit aux Américains de multiplier par deux la surface de leur pays et à Napoléon d'avoir de l'argent pour faire la guerre en Europe.

- ☐ Les Américains ont volé la France
- ☐ La France libère l'Amérique
- ☐ Quand l'Amérique était française
- ☐ Napoléon fait la guerre à l'Europe

Corrigé page 91

La silhouette, c'est chouette !

Lis le texte suivant, puis coche le meilleur titre.

Une silhouette est un portrait qui ne laisse apparaître que les contours de la personne, à la manière d'une ombre chinoise : on peut faire des silhouettes amusantes de lapins et de chiens avec les mains, par exemple.
Le mot « silhouette » vient d'Étienne de Silhouette, qui fut ministre des Finances de Louis XV et qui appréciait justement les ombres chinoises. Il fut particulièrement détesté par la population. Pour se moquer de lui, on fit des portraits en ombres chinoises à son effigie. Finalement, son nom est resté associé à cette technique de portrait.

- ☐ Les ombres chinoises ne viennent pas de Chine
- ☐ Un ministre peu apprécié
- ☐ L'origine du mot « silhouette »
- ☐ Louis XV était un amateur de peinture

Corrigé page 91

Poisson d'avril !

Lis le texte suivant, puis coche le meilleur titre.

Tout le monde connaît le poisson d'avril, qui consiste à faire une blague ou à accrocher un poisson dans le dos d'une personne le 1er avril. Cette tradition serait liée au fait que, suite à une réforme du calendrier au XVIe siècle, la nouvelle année, jusqu'alors célébrée fin mars, fut avancée à fin décembre. Pour se moquer de ceux qui n'étaient pas au courant de cette modification, on faisait ainsi un poisson d'avril qui consistait à leur offrir un faux cadeau. En revanche, on ne sait pas exactement qui a eu l'idée d'utiliser un poisson.

- ☐ Le poisson d'avril se pêchait en mars
- ☐ Le poisson d'avril se fêtait le 1er janvier
- ☐ Le poisson d'avril existait dans l'Antiquité
- ☐ Le poisson d'avril et la réforme du calendrier

Corrigé page 91

Vive la République !

Lis le texte suivant, puis coche le meilleur titre.

En France, le 14 juillet est le jour de la fête nationale. Beaucoup de gens pensent que cette date a été choisie pour commémorer la prise de la Bastille le 14 juillet 1789, épisode qui marqua le début de la Révolution française. En réalité, cette date rappelle le 14 juillet 1790, qui célébra la fête de la Fédération : après des mois de division, la France voulait à nouveau se fédérer autour d'un symbole fort. Cette fête devait ainsi réconcilier tous les Français qui s'étaient opposés lors de la Révolution, notamment le roi et le peuple. C'est en 1890 que cette date fut choisie définitivement comme jour de la fête nationale.

☐ La fête nationale commémore la prise de la Bastille

☐ La véritable origine de la fête nationale

☐ Le roi de France fait la Révolution

☐ Les Français se réconcilient le 14 juillet

Corrigé page 91

Un frère fantomatique ?

Lis le texte suivant, puis réponds à la question.

L'archéologue qui vit à Paris a un frère à Marseille qui est avocat. Cet avocat à Marseille n'a pourtant pas de frère à Paris qui est archéologue.

Comment est-ce possible ?

....

....

....

....

....

Corrigé page 91

Faites entrer l'accusé

Lis le texte suivant, puis réponds à la question.

Roméo et Juliette gigotent sur le sol mouillé de la cuisine. Il semble clair que quelqu'un les a fait tomber ; pourtant, personne n'a pu entrer car la porte et les fenêtres de la maison étaient fermées. C'est alors que rentre le propriétaire des lieux. Le chat, effrayé, court dans une autre pièce se réfugier.

Que s'est-il passé ?

....

....

....

....

Corrigé page 91

Plus vite, plus vite !

Lis le texte suivant, puis réponds à la question.

Lucas pilote son avion, le vent dans les cheveux. Il pourchasse Marine, qui est à cheval, à un rythme infernal, mais ne parvient jamais à la rattraper.

Comment est-ce possible ?

....

....

....

....

....

Corrigé page 91

Les petits monstres

Lis le texte suivant, puis réponds à la question.

Homère est le frère de deux petits monstres fort sympathiques avec qui il aime jouer aux pirates dans son jardin. Pourtant, ces deux petits monstres ne sont pas ses frères.

Comment est-ce possible ?

....

....

....

....

....

Corrigé page 91

COMPRÉHENSION

Ça fourmille d'insectes ici !

Lis le dialogue suivant pour trouver la bonne expression.

BAPTISTE : Ah, comment dit-on déjà ? C'est une expression qui fait référence à un insecte...

CINDY : Une abeille ?

BAPTISTE : Pas du tout, c'est pour dire que c'est gribouillé, que c'est tout petit et irrégulier...

CINDY : Des fourmis alors ?

BAPTISTE : Mais non. Ça fait référence aux jambes de l'insecte en question, tu vois ce que je veux dire ?

Quelle est l'expression que Baptiste et Cindy recherchent ?

....

....

Corrigé page 91

Quelle est cette expression ?

Lis le dialogue suivant pour trouver la bonne expression.

SOPHIE : Comment dit-on déjà ? Tu sais, quand on est sur le point de trouver, mais que l'on n'y arrive pas.

KARIM : Comme une chasse au trésor ?

SOPHIE : Non, non... On a l'impression qu'on l'a, mais ça bloque, on n'arrive pas à le sortir.

KARIM : On parle bien d'un objet ?

SOPHIE : Pas du tout. C'est une expression. Tu la connais, c'est sûr !

Quelle est l'expression que Sophie et Karim recherchent ?

....

....

Corrigé page 91

Un coup de fatigue

Lis le dialogue suivant pour trouver la bonne expression.

CHARLOTTE : C'est une expression avec deux mots qui n'ont pas vraiment de rapport entre eux… Elle signifie qu'on n'a pas envie de se lever.

LUCAS : Quand on a envie de rester assis ?

CHARLOTTE : Non, de rester allongé, dans le confort du sommeil.

LUCAS : Dormir à poings fermés ?

CHARLOTTE : Non, c'est plutôt pour dire qu'on s'est réveillé tard… Tu connais forcément cette expression !

Quelle est l'expression que Charlotte et Lucas recherchent ?

……………………………………………………………………………

……………………………………………………………………………

Corrigé page 91

Pas envie de faire grand-chose

Lis le dialogue suivant pour trouver la bonne expression.

CHRISTOPHE : Alors, je vais essayer de m'expliquer simplement : tout commence avec l'idée de rotation. Ça, c'est essentiel pour comprendre cette expression.

NICOLAS : Avoir la tête qui tourne ?

CHRISTOPHE : Non, non. Ça fait référence à cette partie du corps qui nous est indispensable pour saisir des objets, que l'on trouve aussi chez le singe ou le panda, par exemple.

NICOLAS : Faire le singe ?

CHRISTOPHE : Mais non… C'est une expression qui veut dire que l'on reste à ne rien faire.

Quelle est l'expression que Christophe et Nicolas recherchent ?

……………………………………………………………………………

……………………………………………………………………………

Corrigé page 91

Une foule de prénoms

Lis le texte suivant pour trouver le message caché.

Raoul Eugène Nicolas Désiré Eugène Zoé-Victor Oscar Ursule Suzanne Anatole Marcel Irma Désiré Irma Denise Elliot Valérie Audrey Nina Thibaut Léon Elsa Cécile Iris Nolan Élise Malik Allan.

– Indice –

Pour épeler clairement quelque chose, on utilise « l'alphabet téléphonique » : A comme Anatole, B comme Berthe, etc.

Corrigé page 91

On n'y comprend rien !

Lis le texte suivant pour trouver le message caché.

Lima Echo Sierra Charlie Alpha Romeo Oscar Tango Tango Echo Sierra Sierra Oscar November Tango Charlie Uniform India Tango Echo Sierra. Papa Alpha Sierra Sierra Echo Zulu Alpha Lima Alpha Charlie Tango India Oscar November.

....

....

....

....

– Indice –

Le message est écrit à l'aide de l'alphabet radio international défini par l'OTAN (Organisation du traité de l'Atlantique Nord).

Corrigé page 91

Qu'est-ce que c'est que cette langue ?

Lis les textes suivants pour trouver les messages cachés.

ANNA TE BOB TNO EGNAM NU
TALOCOHC TE ES TNOS SIM A REVER

....

....

ETETC EGNUAL TSE'N SAP IS EILICIFFD EUQ
AELC DANUQ NO Y'S ETUBAIH

....

....

– Indice –

Les lettres sont dans le désordre.

Corrigé page 91

C'est illisible !

Lis le texte suivant pour trouver le message caché.

Le trésor est caché dans l'armoire de la chambre ; il suffit d'ouvrir la deuxième porte à gauche et tu le trouveras.

– Indice –

Ce message est rédigé en écriture spéculaire, ou « écriture en miroir », dont Léonard de Vinci était un grand adepte.

Corrigé page 91

COMPRÉHENSION

Une magie céleste

Reformule la phrase suivante, très imagée et mystérieuse, avec des termes simples.

Une grande arche multicolore apparut dans le bleu lointain après le déluge.

....

....

Reformule la phrase suivante, très imagée et mystérieuse, avec des termes simples.

Le feu céleste vola dans les hauteurs inaccessibles à pas de géant et soudain illumina la surface de la sphère puis en fit trembler l'écorce.

....

....

Corrigé page 91

La griffe et le volume

Reformule la phrase suivante, très imagée et mystérieuse, avec des termes simples.

Il saisit le parchemin et y apposa sa griffe.

....

....

Reformule la phrase suivante, très imagée et mystérieuse, avec des termes simples.

Le lourd volume contenait non seulement des caractères, mais aussi des représentations : il s'agissait d'une somme des connaissances humaines.

....

....

Corrigé page 91

Que c'est romantique !

Reformule la phrase suivante, très imagée et mystérieuse, avec des termes simples.

L'astre rougissait en plongeant dans le lointain maritime.

....

....

Reformule la phrase suivante, très imagée et mystérieuse, avec des termes simples.

La pompe de mon sang se mit à palpiter lorsque je te vis sortir du monstre de ferraille aux cercles caoutchouteux.

....

....

Corrigé page 91

À table !

Reformule la phrase suivante, très imagée et mystérieuse, avec des termes simples.

L'ustensile denté se planta dans le légume qui reposait sur une fine céramique.

....

....

Reformule la phrase suivante, très imagée et mystérieuse, avec des termes simples.

Il sortit la grande galette italienne du parallélépipède rectangle où le feu l'avait rendue comestible.

....

....

Corrigé page 91

Il ne faut pas exagérer

Lis l'extrait, puis explique de quoi il parle avec des termes simples.

Il convient aux personnes qui s'appliquent à l'étude des lettres de donner quelque relâche à leur esprit, après de longues heures consacrées à des lectures sérieuses, et de le rendre par-là plus vif à reprendre ses travaux.

Extrait de *L'Histoire véritable* de l'écrivain grec Lucien de Samosate (120-180).

....

....

....

....

....

....

Corrigé page 91

L'art de la conversation

Lis l'extrait, puis explique de quoi il parle avec des termes simples.

D'abord ils commencent leurs entretiens sur un ton pacifique ; mais, à mesure que la conversation s'engage, ils élèvent leurs voix jusqu'aux notes les plus aiguës, si bien que la violence de leurs efforts et leur désir de parler leur fait rougir la face, gonfler le cou et saillir les veines, comme ces joueurs de flûte qui s'évertuent à souffler dans un instrument trop étroit.

Extrait de *La Double accusation ou les Jugements* de Lucien de Samosate (120-180).

....

....

....

....

....

Corrigé page 91

C'est vrai ce mensonge ?

Lis l'extrait, puis explique de quoi il parle avec des termes simples.

Entraîné par le désir de laisser un nom à la postérité, et ne voulant pas être le seul qui n'utilise pas de la liberté de feindre, j'ai résolu, n'ayant rien de vrai à raconter, vu qu'il ne m'est arrivé aucune aventure digne d'intérêt, de me rabattre sur un mensonge beaucoup plus raisonnable que ceux des autres.

Extrait de *L'Histoire véritable* de Lucien de Samosate (120-180).

....

....

....

....

....

Corrigé page 91

Je suis débordé !

Lis l'extrait, puis explique de quoi il parle avec des termes simples.

Souverain et père de l'univers, que de désagréments n'ai-je pas à supporter ! Que d'affaires sur les bras ! Que de soucis m'accablent ! D'abord, il est nécessaire que je veille sur la besogne des autres dieux qui gouvernent avec moi quelque partie de mon empire, afin qu'ils ne négligent pas leurs devoirs ; puis viennent mille affaires que je dois faire par moi-même, et que leur minutie rend presque impossibles.

Extrait de *La Double accusation ou les Jugements* de Lucien de Samosate (120-180).

Corrigé page 91

Apprendre encore et toujours

Complète le texte avec des homophones.

.... pense parfois que l'.................... est assez sage pour ne plus rien apprendre. Pourtant, les grands écrivains l'.................... bien montré : .... n'est jamais au bout de nos efforts pour devenir meilleur. Même quand ils .... acquis la célébrité, ils .... toujours continué à lire et à se cultiver.

Corrigé page 91

Une bonne nouvelle

Complète le texte avec des homophones.

Il a appris .... promotion aujourd'hui.

Je ne sais si c'est grâce à .... mais il

semblait particulièrement content, au point qu'il

courait .... et là en chantonnant.

En tout cas, ... fait plaisir de le voir

avec .... bonne humeur.

Corrigé page 91

Ils étaient déjà partis

Complète le texte avec des homophones.

Je voulais .... donner

.... indices, mais je ne suis pas

arrivé à .... : j'ai vu ....

ombre au loin. J'ai essayé de ....

téléphoner, mais ils n'ont pas répondu.

Malheureusement, sans .... indices,

je crains qu'ils ne se ....

Corrigé page 91

L'espoir fait vivre

Complète le texte avec des homophones.

Elle est venue prendre .... affaires avant

de partir et elle .... ensuite envolée avec

.... bagages. .... vraiment

dommage et j'espère la revoir un de ....

jours, on ne .... jamais ! Mais bon,

.... peu probable qu'elle revienne,

je le .... bien.

Corrigé page 92

Ils sont fous ces Romains !

Réécris le texte en déplaçant le sujet en début de phrase quand ce n'est pas le cas.

Ces nouveaux vestiges romains intéressent beaucoup les archéologues. La première fois qu'ils les découvrirent, retentit un cri de victoire parmi les chercheurs. Arriva alors le chef de l'expédition pour féliciter tous ses collègues.

....

....

....

....

....

....

Corrigé page 92

Qu'ils sont mignons !

Réécris le texte en déplaçant le sujet en début de phrase quand ce n'est pas le cas.

C'est dans une petite tanière que s'abritent les jeunes lionceaux en attendant que la lionne revienne de la chasse. Lorsqu'arrive un prédateur, ils peuvent ainsi se protéger rapidement. Déjà se font sentir les premiers dangers autour d'eux.

....

....

....

....

....

Corrigé page 92

Le trésor des rois

Réécris le texte en déplaçant le sujet en début de phrase quand ce n'est pas le cas.

Cette petite maison abrite les plus anciens trésors du pays : s'amoncellent ici aussi bien les couronnes des rois que les habits des princes. Une porte fermée à clé s'ouvre pour nous laisser les découvrir, comme s'ouvrirait un bal de lumière où danseraient tous les participants.

....

....

....

....

....

....

Corrigé page 92

Le fantôme du palais

Réécris le texte en déplaçant le sujet en début de phrase quand ce n'est pas le cas.

Bien des années ai-je voyagé sur la Terre et pourtant rien ni personne ne le sait. Je rase les murs, visiteur discret des plus beaux sites. Parfois pensait-on me voir, aussitôt disparaissait mon ombre. Je suis un fantôme que seuls peuvent voir les magiciens.

Corrigé page 92

Ça use les souliers

Réécris la phrase suivante au style indirect.

Hier soir, Clément se plaignit : « J'ai trop marché, je suis fatigué et mes jambes me font mal. »

– Indice –

Les verbes au présent doivent passer à l'imparfait et le verbe au passé composé au plus-que-parfait.

Corrigé page 92

Prendre de l'avance

Réécris la phrase suivante au style indirect.

Demain, Julie dira à Olivia : « Je suis bien contente d'avoir fini mes devoirs, comme ça, je peux aller jouer dehors ! Après, j'irai manger mon goûter. »

....

....

....

....

....

....

Corrigé page 92

Pas le bon numéro !

Réécris la phrase suivante au style indirect.

Soudain, le professeur remarqua : « Les élèves n'ont pas lu le texte que je leur ai donné, mais un autre : ils se sont tous trompés de page. »

– Indice –

Le passé composé doit devenir du plus-que-parfait.

Corrigé page 92

Tout mouillé !

Réécris la phrase suivante au style indirect.

Marcel se demanda : « Est-il possible que les choses soient si mal faites ? Le seul jour où je n'ai pas pris mon parapluie, il se met à pleuvoir ! Je n'ai vraiment pas de chance. »

Corrigé page 92

La musique avant tout

Complète le texte en utilisant les verbes suivants dans le bon ordre et conjugués aux temps indiqués.

faire (passé simple) • être (imparfait) •
devoir (conditionnel présent) • être (subjonctif présent) •
mettre (passé simple) • écrire (passé simple)

Élisabeth Jacquet de La Guerre (1665-1729) ....
la plus célèbre compositrice du XVIIIe siècle. Elle
.... de nombreuses pièces pour le clavecin,
dans lesquelles elle .... au point un style
avant-gardiste, et se .... remarquer pour
ses cantates. Bien qu'elle .... aujourd'hui
tombée dans l'ombre de son célèbre cousin François
Couperin, on .... l'écouter plus souvent.

Corrigé page 92

Mathématiques au féminin

Complète le texte en utilisant les verbes suivants dans le bon ordre et conjugués aux temps indiqués.

parvenir (plus-que-parfait) • consacrer (passé simple) • parler (imparfait) • recevoir (passé simple) • obtenir (passé simple) • pouvoir (subjonctif présent)

Maria Gaetana Agnesi (1718-1799)................. une grande partie de sa vie à l'étude des mathématiques, bien que les femmes de son époque ne................. généralement pas les étudier. À trente ans, elle publia un ouvrage qui .... un tel succès qu'elle................. un poste de professeur à l'université de Bologne. Une seule femme y.......................... avant elle. En plus de cela, elle................. de nombreuses langues : l'italien, le français, le latin, le grec, l'hébreu et quelques autres encore.

Corrigé page 92

L'informatique est née d'une femme

Complète le texte en utilisant les verbes suivants dans le bon ordre et conjugués aux temps indiqués.

rester (passé simple) • voir (passé simple) • lire (passé simple) • devoir (conditionnel passé) • être (passé simple) • devenir (passé simple) • rédiger (passé simple)

Lorsqu'Ada Lovelace (1815-1852) .... un texte de son mari, Charles Babbage, sur un projet de machine à calculer, elle .... tout de suite l'intérêt d'élaborer un langage automatisé. Ce .... ainsi qu'elle .... le premier programme informatique de l'histoire. Pourtant, son nom .... longtemps dans l'oubli et c'est son mari qui .... célèbre alors que c'est elle qui .... être considérée comme une pionnière.

Corrigé page 92

Top-modèle et artiste

Complète le texte en utilisant les verbes suivants dans le bon ordre et conjugués aux temps indiqués.

voir (futur antérieur) • connaître (subjonctif présent) • devoir (conditionnel passé) • posséder (subjonctif présent) • recevoir (passé simple) • être (subjonctif présent) • s'agir (subjonctif présent) • montrer (subjonctif présent)

Qu'il .... son nom ou pas, tout amateur de peinture .... au moins une fois le portrait de Suzanne Valadon (1865-1938), que ce .... dans un tableau de Renoir ou qu'il .... d'une peinture de Toulouse-Lautrec. Malheureusement, bien qu'elles .... de grandes qualités et .... tout son talent, les œuvres de Suzanne Valadon ne .... jamais la notoriété qu'elles .... avoir.

Corrigé page 92

Harriet et Hector

Complète le texte à trous en respectant la fonction indiquée entre parenthèses.

– Astuce –

Tu peux lire une biographie de Hector Berlioz pour trouver les informations qui te manquent.

Hector Berlioz (1803-1869) était un grand (nom attribut du sujet) .... et un chef d'orchestre (adjectif épithète) .... (complément circonstanciel de temps) .... Il (verbe - passé simple) .... sa *Symphonie fantastique* au tsar Nicolas Ier (complément du nom) .... Cette (nom sujet) .... fut inspirée par l'actrice irlandaise Harriet Smithson, (pronom relatif sujet) .... devint l'épouse (complément du nom) .... Ils (verbe - passé simple) .... un fils (pronom relatif sujet) .... devint marin.

Corrigé page 93

La faune de Camille

Complète le texte à trous en respectant la fonction indiquée entre parenthèses.

– Astuce –

Tu peux lire une biographie de Camille Saint-Saëns pour trouver les informations qui te manquent.

Camille Saint-Saëns (1835-1921) (verbe - passé simple) .... *Le Carnaval des animaux* en 1886 pour (verbe - infinitif) .... ses amis et sa famille. Saint-Saëns ne considérait pas (groupe nominal COD) .... comme sérieuse et interdit (groupe nominal COI) .... de la jouer jusqu'à sa mort. C'est pourtant (complément circonstanciel de temps) .... son œuvre la plus (adjectif épithète) .... Elle est souvent jouée (complément circonstanciel de lieu) ....
mais est aussi utilisée dans des films et des publicités.

Corrigé page 93

La mécanique selon Maurice

Complète le texte à trous en respectant la fonction indiquée entre parenthèses.

– Astuce –

Tu peux lire une biographie de Maurice Ravel pour trouver les informations qui te manquent.

Maurice Ravel (1875-1937) composa son (adjectif épithète) .... *Boléro* en 1928. La répétition mécanique du rythme rappelait (groupe nominal COI) .... les chantiers de son enfance où travaillait (groupe nominal sujet) ....

En effet, celui-ci était un ingénieur renommé qui s'(verbe - imparfait) .... notamment aux moteurs. (groupe nominal sujet) .... fut considérée (complément d'agent) .... comme une pure folie et (complément d'agent) .... comme un coup de génie.

Corrigé page 93

Jean-Phi dans le tipi

Complète le texte à trous en respectant la fonction indiquée entre parenthèses.

– Astuce –

Tu peux lire une biographie de Jean-Philippe Rameau pour trouver les informations qui te manquent.

(complément circonstanciel de temps) ....,
Jean-Philippe Rameau (1683-1764) était (groupe nominal attribut du sujet) ....
très renommé. Dans son opéra *Les Indes galantes,* il (verbe - passé simple) .... en scène les Indiens d'Amérique. (groupe nominal sujet) .... (pronom de lieu) .... dansaient et chantaient pour faire imaginer (groupe nominal COI) .... de l'époque leur vie.
Le passage le plus (adjectif épithète) ....
en est sans doute l'*Air des Sauvages.*

Corrigé page 93

En lisant, en écrivant

Complète la grille grâce aux définitions suivantes.

1. S'écrit généralement en vers.
2. Celui ou celle qui porte l'action.
3. Donne de la tension au récit.
4. Pièce qui fait rire.
5. Un roman de ce genre contient souvent un meurtre.
6. Lieu où montent les acteurs pour jouer.
7. Histoire inventée.
8. Dire un texte par cœur.
9. Il en faut pour écrire.
10. Découpe la pièce de théâtre.

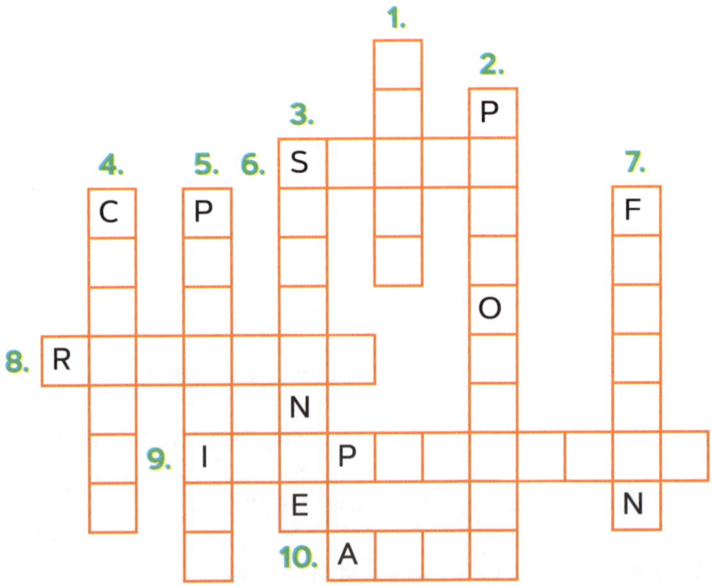

Corrigé page 93

L'invitation au voyage

Complète la grille grâce aux définitions suivantes.

1. Embarcation pour naviguer à Venise.
2. Trouvaille archéologique.
3. Les quatre points pour s'orienter.
4. Pieu qui sert à surélever une maison au-dessus du sol ou de l'eau.
5. Personnel de bord dans un bateau ou un avion.
6. Il faut les larguer pour partir à l'aventure.
7. Île qui fait rêver.
8. Bruit de la surface de l'eau.
9. Côté gauche sur un bateau.
10. Arrêt durant un voyage en mer.

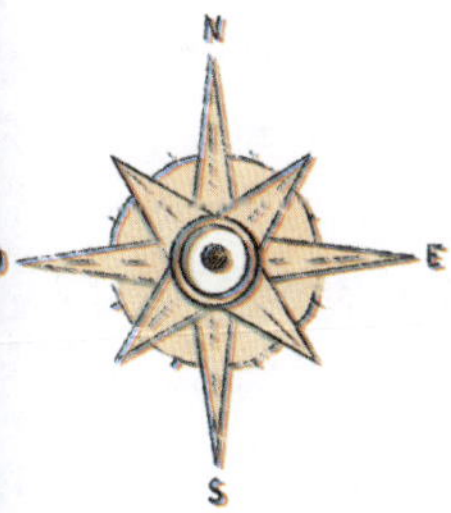

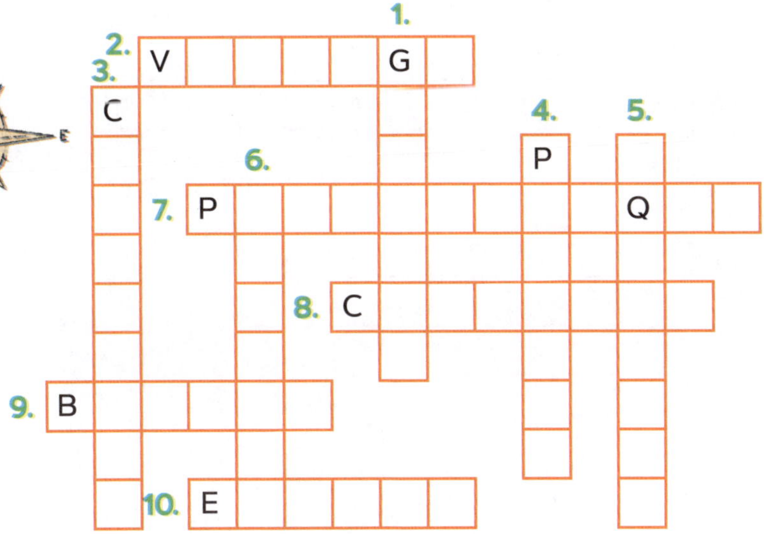

Corrigé page 93

Dans les bras de l'Histoire

Complète la grille grâce aux définitions suivantes.

1. Période de l'Histoire où l'on chassait le mammouth.
2. Période historique où les seigneurs vivaient dans des châteaux.
3. Force militaire qui combattait avec une épée, un heaume et un bouclier.
4. Permettait d'entrer au château en s'abaissant sur la douve.
5. Habitante de la ville la plus connue de la Grèce antique.
6. Nationalité de la grande pyramide de Gizeh.
7. Langue des conquistadors.
8. Capitale où l'on parlait latin.
9. Gouvernait la France de l'Ancien Régime.
10. Style architectural qui a précédé le gothique.

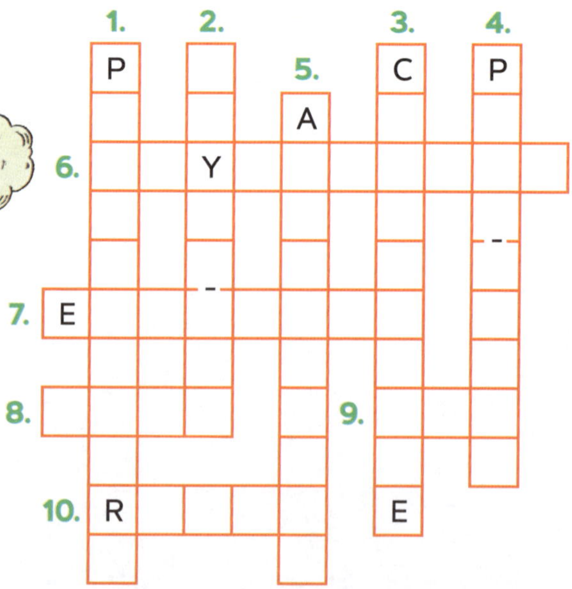

Corrigé page 93

La tête dans les nuages

Complète la grille grâce aux définitions suivantes.

1. Groupe apparent d'étoiles qui représente une figure déterminée.
2. Astres qui brillent la nuit.
3. Ensemble d'étoiles, de poussières et de gaz regroupés en amas.
4. Satellite de la Terre.
5. Nom de la huitième planète.
6. Science qui s'occupe de tous les mots ici présents.
7. Nom donné à l'agence spatiale américaine.
8. Sert à agrandir les objets, proches ou lointains.
9. Engin destiné à voyager dans l'Univers.
10. Sert à voir très loin.

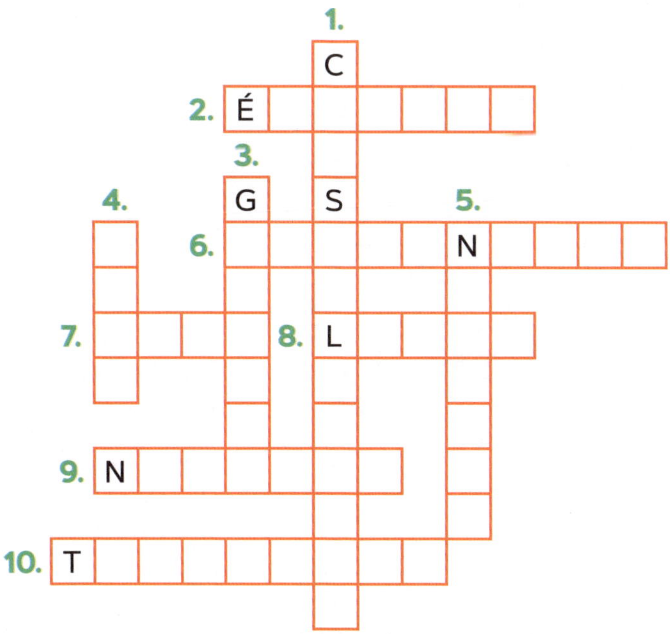

Corrigé page 93

Histoires naturelles

Recopie le texte en remplaçant les mots soulignés par des adjectifs.

L'air <u>de la mer</u> fait beaucoup de bien aux espèces <u>qui vivent sur terre</u>. Qu'il s'agisse d'animaux <u>qui vivent la nuit</u> ou <u>qui vivent le jour</u>, ils souffrent souvent des conditions <u>de l'hiver</u>. Les armes <u>de la nature</u> sont alors d'un grand secours : les animaux <u>à pilosité</u> peuvent survivre sur place, tandis que les oiseaux <u>qui migrent</u> vont se réchauffer ailleurs.

....

....

....

....

....

....

Corrigé page 93

Une sortie à Lascaux

Recopie le texte en remplaçant les mots soulignés par des adjectifs.

La sortie <u>de l'école</u> s'est déroulée dans une grotte <u>de la préhistoire</u>. L'accord <u>des parents</u> était nécessaire pour cette escapade <u>pleine de dangers</u>. L'idée <u>de départ</u> était de chercher les peintures <u>sur les murs</u>, mais très vite, certains enfants ont trouvé des objets <u>dans le sol</u> : il s'agissait d'objets <u>d'art</u> et <u>de décoration</u> réalisés avec des techniques <u>d'un autre temps</u>.

....

....

....

....

....

....

Corrigé page 93

Le trait d'union méditerranéen

Recopie le texte en remplaçant les mots soulignés par des adjectifs.

Ma famille du côté <u>de ma mère</u> est originaire d'Algérie ; c'est un pays <u>de charme</u>. On y trouve un climat <u>qui rappelle</u> <u>l'océan</u>, mais aussi la rudesse <u>du désert</u>. La beauté <u>du lieu</u> est <u>sans pareil</u> et les paysages sont <u>dignes</u> <u>d'un poème</u>. Parmi les pays <u>d'Afrique</u>, c'est le plus étendu.

....

....

....

....

....

....

Corrigé page 93

Anges et démons

Recopie le texte en remplaçant les mots soulignés par des adjectifs.

C'était une nuit <u>de cauchemar</u> : j'ai d'abord vu un visage <u>d'ange</u>, qui s'est transformé en visage <u>de démon</u>. J'étais ensuite plongé dans un repas <u>du dimanche</u> où mes parents me posaient des questions <u>au hasard</u> : à chaque réponse <u>qui n'était pas juste</u>, je devais manger un macaron <u>qui avait plusieurs couleurs</u>. C'est un rêve <u>que je fais souvent</u> à la période <u>de l'été</u>.

Corrigé page 94

VOCABULAIRE

Des bambins désopilants

Classe les mots suivants dans la colonne correspondante, puis complète les autres colonnes avec des synonymes de ton choix.

Si tu classes un mot dans la colonne « Langage courant », propose un synonyme dans la colonne « Langage familier » et un autre dans la colonne « Langage soutenu ».

désopilant • bruit • causer • bambin

Langage familier	Langage courant	Langage soutenu
....	....	....
....	....	....
....	....	....
....	....	....

Corrigé page 94

Les larmoyants m'horripilent

Classe les mots suivants dans la colonne correspondante, puis complète les autres colonnes avec des synonymes de ton choix.

voiture • peur • larmoyer • horripiler

Langage familier	Langage courant	Langage soutenu
....	....	....
....	....	....
....	....	....
....	....	....

Corrigé page 94

Du boulot dans la baraque

Classe les mots suivants dans la colonne correspondante, puis complète les autres colonnes avec des synonymes de ton choix.

boulot • épris • baraque • hideux • entonner

Langage familier	Langage courant	Langage soutenu
....	....	....
....	....	....
....	....	....
....	....	....
....	....	....

Corrigé page 94

Un livre prodigieux !

Classe les mots suivants dans la colonne correspondante, puis complète les autres colonnes avec des synonymes de ton choix.

livre • las • dormir • prodigieux • crapahuter

Langage familier	Langage courant	Langage soutenu
....	....	....
....	....	....
....	....	....
....	....	....
....	....	....

Corrigé page 94

Keskidi ?

Réécris les phrases en remplaçant le verbe « dire » par un autre verbe, différent à chaque fois.

– Comment ça va ? dit-il.
– Je vais bien, dit-elle, et toi ?
– Ça va, mais qu'est-ce qu'il fait chaud ! dit-il.
– Ne te plains pas, dit-elle, sinon tu risques de faire revenir la pluie.
– Tu as raison, dit-il, mieux vaut en profiter !

....

....

....

....

....

....

Corrigé page 94

Manger, manger, toujours manger !

Réécris les phrases en remplaçant le verbe « manger » par un autre verbe, différent à chaque fois.

Hier matin, j'ai mangé un énorme gâteau tout en mangeant de délicieuses fraises des bois. Ensuite, je suis allé manger à la cantine, où j'ai mangé beaucoup de frites.
Le soir, je n'en pouvais plus et je n'ai pas voulu manger.

....

....

....

....

....

....

Corrigé page 94

Où me mets-je ?

Réécris les phrases en remplaçant le verbe « mettre » par un autre verbe, différent à chaque fois.

J'ai mis un gilet pour ne pas avoir froid pendant que mon petit frère se mettait à lire un livre très intéressant. Nous avons ensuite mis la table avant de dîner. Après le repas, j'ai eu une idée et j'ai décidé de la mettre dans mon cahier. Enfin, pour la question de géographie, je n'ai pas su où mettre Besançon sur la carte de France.

....

....

....

....

....

Corrigé page 94

Tant de choses à faire

Réécris les phrases en remplaçant le verbe « faire » par un autre verbe, différent à chaque fois.

Demain matin, je ferai des sandwichs pour notre chasse au trésor. Nous ferons un jeu de piste et je ferai un petit discours pour en expliquer les règles. Il faudra faire des équipes de trois et ensuite faire une stratégie pour trouver le trésor.

Corrigé page 94

Fruité, c'est plus musclé !

Trouve les trois expressions faisant appel à un fruit et ayant les significations suivantes.

1. être en forme : ....

....

2. faire des concessions : ....

....

3. être petit : ....

....

Corrigé page 94

À la casserole !

Trouve les trois expressions faisant appel à un légume et ayant les significations suivantes.

1. **avoir les joues écarlates :** ....

....

2. **tomber facilement amoureux :** ....

....

3. **un synonyme de journal :** ....

....

Corrigé page 94

On n'est pas des bêtes !

Trouve les trois expressions faisant appel à un animal et ayant les significations suivantes.

1. **faire les choses dans l'ordre :** ....

....

2. **être triste :** ....

....

3. **être enroué :** ....

....

Corrigé page 94

En corps et en corps

Trouve les trois expressions faisant appel à une partie du corps et ayant les significations suivantes.

1. être sûr de quelque chose : ....

....

2. renoncer à trouver quelque chose : ....

....

3. être généreux : ....

....

Corrigé page 94

Otto dans son auto

Trouve quatre mots avec le même préfixe correspondant aux définitions suivantes.

1. **Quelqu'un qui n'a pas besoin des autres.**

....

2. **Robot qui agit tout seul.**

....

3. **Il suffit de le fixer quelque part pour qu'il y reste.**

....

4. **Dédicace.**

....

Corrigé page 94

Tel est pris qui croyait prendre

Trouve quatre mots avec le même préfixe correspondant aux définitions suivantes.

1. **Permet de monter en haut d'une montagne.**

....

2. **Film réalisé pour la télévision.**

....

3. **Instrument pour observer les étoiles.**

....

4. **Objet pour se parler à distance.**

....

– Indice –

Il y a deux réponses possibles pour la 1re définition.

Corrigé page 94

Ouverte à toutes les fenêtres

Trouve quatre mots avec le même verbe correspondant aux définitions suivantes.

1. Pour suspendre des habits.

....

2. Bateau contenant une piste d'atterrissage.

....

3. Permet de transporter des objets sur un vélo.

....

4. Permet de faire tourner la chance en sa faveur.

....

Corrigé page 94

Ça croustille

Trouve quatre mots avec le même verbe correspondant aux définitions suivantes.

1. Personnage imaginaire sévère et effrayant qui fait peur aux enfants.

....

2. Sandwich chaud à base de pain, jambon et fromage.

....

3. Comme le précédent, avec un œuf par-dessus.

....

4. Employé des pompes funèbres.

....

Corrigé page 94

ÉCRITURE

La tête dans les étoiles

Réécris cette saynète sous forme narrative.

THALÈS *(marchant)* : Regarde comme les étoiles sont belles ! Regarde la pureté de leur éclat !

JEUNE SERVANTE : C'est vrai, mais attention, il y a…

THALÈS : Regarde la… Ahhhhh !

JEUNE SERVANTE : Il y avait un trou devant toi.

....

....

....

....

....

....

Corrigé page 95

Quiproquo

Réécris cette saynète sous forme narrative.

ANTON : Bonjour cher Monsieur, je vois que vous êtes très élégant. Je ne doute pas que vous êtes l'inspecteur dont on m'a tant parlé. Ne faites pas semblant, j'avais été prévenu de votre arrivée.

IVAN *(reculant)* : Moi ? Euh, comment cela ? Vous devez faire erreur…

ANTON : Je vais vous donner la meilleure chambre de l'hôtel, vous n'aurez rien à payer.

IVAN *(changeant d'attitude)* : Ah, eh bien, puisque vous savez qui je suis, j'accepte volontiers !

....

....

....

....

....

Corrigé page 95

ÉCRITURE

Le malade imaginaire

Réécris cette saynète sous forme narrative.

JEUNE HOMME : Bonjour docteur, je voudrais un certificat médical pour mon club de foot.

DOCTEUR : Je vais vous examiner. Soufflez. Oulala ! Mais vous avez une maladie des poumons !

JEUNE HOMME : Pas du tout, je respire très bien !

DOCTEUR : Montrez-moi vos yeux. Oulala ! Mais vous êtes aveugle !

JEUNE HOMME : Pas du tout, je vois très bien !

DOCTEUR : Je vais vous faire hospitaliser tout de suite, ne bougez pas d'ici !

JEUNE HOMME : Au secours, ce médecin est fou !

....

....

....

....

Corrigé page 95

Au fond d'une tasse de thé

Réécris cette saynète sous forme narrative.

MARCEL *(accourant)* : Maman ! Tu me fais un bisou dans le lit pour m'endormir ?

MÈRE : Je ne peux pas quitter la salle à manger, les invités sont là.

MARCEL : Mais je veux mon bisou !

MÈRE : Je ne monterai pas dans ta chambre, si tu veux, je te fais un bisou ici.

MARCEL : Mais si tu me fais un bisou ici, comment je vais faire pour l'emporter avec moi jusque dans mon lit ?

MÈRE *(agacée)* : Allez, ça suffit. Moua, voilà ton bisou. Maintenant, va dormir !

MARCEL *(tête basse)* : Merci Maman. Bonne nuit quand même.

....

....

....

....

Corrigé page 95

Brisons la glace

Rédige un article de dictionnaire en indiquant quatre définitions du terme « glace » et en donnant un exemple dans une phrase à chaque fois.

1. ....

Ex. : ....

2. ....

Ex. : ....

3. ....

Ex. : ....

4. ....

Ex. : ....

Corrigé page 95

L'opéra de quat'sous

Rédige un article de dictionnaire en indiquant quatre définitions du terme « opéra » et en donnant un exemple dans une phrase à chaque fois.

1. ....

Ex. : ....

2. ....

Ex. : ....

3. ....

Ex. : ....

4. ....

Ex. : ....

Corrigé page 95

ÉCRITURE

Promenons-nous dans les bois

Rédige un article de dictionnaire en indiquant quatre définitions du terme « bois » et en donnant un exemple dans une phrase à chaque fois.

1. ....

Ex. : ....

2. ....

Ex. : ....

3. ....

Ex. : ....

4. ....

Ex. : ....

Corrigé page 95

Tu en connais un rayon !

Rédige un article de dictionnaire en indiquant quatre définitions du terme « rayon » et en donnant un exemple dans une phrase à chaque fois.

1. ....

Ex. : ....

2. ....

Ex. : ....

3. ....

Ex. : ....

4. ....

Ex. : ....

Corrigé page 95

Père Noël stagiaire

Décris quatre qualités recherchées pour être assistant du père Noël en justifiant à chaque fois tes réponses.

....

....

....

....

....

....

....

....

....

....

Corrigé page 95

Astronaute à l'essai

Décris quatre qualités recherchées pour être astronaute en justifiant à chaque fois tes réponses.

....

....

....

....

....

....

....

....

....

....

Corrigé page 95

L'ami des bêtes

Décris quatre qualités recherchées pour être vétérinaire en justifiant à chaque fois tes réponses.

....

....

....

....

....

....

....

....

....

....

Corrigé page 96

Journaliste à la pige

Décris quatre qualités recherchées pour être journaliste en justifiant à chaque fois tes réponses.

Corrigé page 96

ÉCRITURE

La femme et la poule

Tente de retrouver les mots qui ont disparu dans cette fable inspirée d'Ésope.

Une veuve ....

.... qui pondait un œuf tous les jours. Elle

s'imagina que si elle lui donnait plus d'orge, sa poule

.... ,

et elle augmenta alors sa ration. Mais la poule,

devenue grasse, ne fut même plus ....

....

Corrigé page 96

Le singe et le chameau

Tente de retrouver les mots qui ont disparu dans cette fable inspirée d'Ésope.

Dans une assemblée d'animaux, un singe

.... Sa danse fut

très appréciée et applaudie de toute l'assistance.

Un chameau, envieux, ...

.... Il se leva et

.... ;

mais il fit n'importe quoi, et les animaux, indignés,

....

Corrigé page 96

Le laboureur et ses enfants

Tente de retrouver les mots qui ont disparu dans cette fable inspirée d'Ésope.

Un laboureur, ..., voulut que ses enfants prennent de l'expérience en agriculture avant sa mort. .... :
« Mes enfants, je vais bientôt quitter ce monde ; mais vous, cherchez ce que j'ai caché dans ma vigne, et vous trouverez .... » Les enfants, s'imaginant ...., bêchèrent profondément .... après la mort du père. De trésor, ...
.... ; mais la vigne bien remuée ....

Corrigé page 96

Le chat et les rats

Tente de retrouver les mots qui ont disparu dans cette fable inspirée d'Ésope.

Une maison .... de rats.

Un chat, l'ayant su, s'y rendit, et, ...

......................, il les mangea. Or les rats, se voyant

toujours pris, ...

Ne pouvant plus les atteindre, le chat pensa qu'il

fallait .... pour les en

faire sortir. C'est pourquoi il grimpa ....

.... et il feignit d'être mort.

Mais un des rats, sortant la tête, ...,

.... : « Hé ! l'ami, même si on faisait

de toi un sac, ... »

Corrigé page 96

Répète un peu pour voir

Un pléonasme est un terme ou une expression qui ajoute une répétition. Par exemple, « Je suis sorti dehors avec mes copains qui sont mes amis » peut se simplifier en « Je suis sorti avec mes copains ».

Réécris le texte suivant en supprimant les pléonasmes.

Cela faisait déjà une heure de soixante minutes que je marchais à pied dans le cœur du centre-ville à la recherche de la librairie. Enfin, à la fin, je la vis de mes yeux et rentrai dedans. Par manque de chance, malheureusement, je tournai en rond parmi les livres sans jamais trouver celui qui était ma principale priorité.

....

....

....

....

....

Corrigé page 96

Tout et son contraire

Un oxymore consiste à réunir deux mots de sens contradictoires. Par exemple, « l'obscure clarté » allie deux mots qui sont a priori opposés.

Réécris le texte suivant en complétant les mots soulignés par des oxymores.

Après être entré dans le <u>gratte-ciel</u>, je me suis perdu dans les <u>sinuosités</u>. Après quelques instants, je me suis retrouvé dans l'<u>obscurité</u>, où une <u>foule de gens</u> m'attendait avec le <u>sourire</u>. J'aperçus parmi eux la <u>beauté</u> d'un <u>ami</u>.

....

....

....

....

....

....

Corrigé page 96

N'exagère pas !

Une hyperbole consiste à exagérer un message pour lui donner plus de retentissement. Par exemple, « Ce paquet est lourd » peut devenir « Ce paquet pèse une tonne ».

Réécris le texte suivant en renforçant les parties soulignées par des hyperboles.

J'ai plein de choses à te raconter, mon ami, concernant la journée d'hier. J'ai rencontré une personne d'un âge avancé. Il s'agissait d'un homme de grande taille, l'air affamé et fatigué qui m'a offert un cadeau.

....

....

....

....

....

Corrigé page 96

COMPRÉHENSION

Page 4 : Quand l'Amérique était française • **Page 5 :** L'origine du mot « silhouette » • **Page 6 :** Le poisson d'avril et la réforme du calendrier • **Page 7 :** La véritable origine de la fête nationale • **Page 8 :** L'archéologue est une femme, c'est la sœur de l'avocat (le mot « archéologue » est identique au masculin et au féminin). • **Page 9 :** Roméo et Juliette sont deux poissons dont le bocal a été renversé par le chat, qui a peur de se faire gronder. • **Page 10 :** Lucas et Marine sont sur un manège. • **Page 11 :** Ce sont ses sœurs. • **Page 12 :** Écrire en pattes de mouche. • **Page 13 :** Avoir un mot sur le bout de la langue. • **Page 14 :** Faire la grasse matinée. • **Page 15 :** Se tourner les pouces. • **Page 16 :** Rendez-vous à midi devant le cinéma. • **Page 17 :** Les carottes sont cuites. Passez à l'action. • **Page 18 : exercice 1 :** Anna et Bob ont mangé un chocolat et se sont mis à rêver. - **exercice 2 :** Cette langue n'est pas si difficile que cela quand on s'y habitue. • **Page 19 :** Le trésor est caché dans l'armoire de la chambre ; il suffit d'ouvrir la deuxième porte à gauche et tu le trouveras. • **Page 20 : exercice 1 :** Un arc-en-ciel apparut dans le ciel après la pluie. - **exercice 2 :** La météorite tomba dans l'atmosphère à grande vitesse et soudain s'embrasa sur le sol de la Terre puis provoqua un tremblement de terre. • **Page 21 : exercice 1 :** Il saisit le papier et y inscrit sa signature. - **exercice 2 :** Le gros livre contenait non seulement du texte mais aussi des illustrations : il s'agissait d'une encyclopédie. • **Page 22 : exercice 1 :** Le soleil devenait rouge en se couchant au loin dans la mer. - **exercice 2 :** Mon cœur se mit à battre lorsque je te vis sortir de l'autobus. • **Page 23 : exercice 1 :** La fourchette se planta dans le légume qui était sur une assiette. - **exercice 2 :** Il sortit la pizza du four. • **Page 24 :** L'auteur dit qu'il faut savoir laisser notre cerveau se reposer pour pouvoir mieux étudier ensuite. • **Page 25 :** L'auteur parle des gens qui ne sont pas d'accord : au début, ils parlent calmement, mais ensuite ils s'énervent et crient. • **Page 26 :** L'auteur dit qu'il veut devenir célèbre mais que, comme il n'a rien d'intéressant à dire, il va raconter un mensonge. • **Page 27 :** L'auteur parle de Zeus, le dieu des dieux, qui se plaint d'avoir trop de choses à gérer.

GRAMMAIRE

Page 28 : On pense parfois que l'**on** est assez sage pour ne plus rien apprendre. Pourtant, les grands écrivains l'**ont** bien montré : **on** n'est jamais au bout de nos efforts pour devenir meilleur. Même quand ils **ont** acquis la célébrité, ils **ont** toujours continué à lire et à se cultiver. • **Page 29 :** Il a appris **sa** promotion aujourd'hui. Je ne sais si c'est grâce à **ça** mais il semblait particulièrement content, au point qu'il courait **çà** et là en chantonnant. En tout cas, **ça** fait plaisir de le voir avec **sa** bonne humeur. • **Page 30 :** Je voulais **leur** donner **leurs** indices, mais je ne suis pas arrivé à **l'heure** : j'ai vu **leur** ombre au loin. J'ai essayé de **leur** téléphoner, mais ils n'ont pas répondu. Malheureusement, sans **leurs** indices, je crains qu'ils ne se **leurrent**. • **Page 31 :** Elle est venue prendre **ses** affaires avant de partir et elle **s'est** ensuite envolée avec **ses** bagages. **C'est** vraiment dommage et j'espère la revoir un de **ces** jours, on ne **sait** jamais ! Mais bon, **c'est** peu probable qu'elle revienne, je le **sais** bien. • **Page 32 :** Ces nouveaux vestiges romains intéressent beaucoup les archéologues. La première fois qu'ils les découvrirent, un cri de victoire retentit parmi les chercheurs. Le chef de l'expédition arriva alors pour féliciter tous ses collègues. • **Page 33 :** C'est dans une petite tanière que les jeunes lionceaux s'abritent en attendant que la lionne revienne de la chasse. Lorsqu'un prédateur arrive, ils peuvent ainsi se protéger rapidement. Déjà les premiers dangers se font sentir autour d'eux. • **Page 34 :** Cette petite maison abrite les plus anciens trésors du pays : aussi bien les couronnes des rois que les habits des princes s'amoncellent ici. Une porte fermée à clé s'ouvre pour nous laisser les découvrir, comme un bal de lumière s'ouvrirait où tous les participants danseraient. • **Page 35 :** J'ai voyagé sur la Terre bien des années et pourtant rien ni personne ne le sait. Je rase les murs, visiteur discret des plus beaux sites. Parfois on pensait me voir, aussitôt mon ombre disparaissait. Je suis un fantôme que seuls les magiciens peuvent voir. • **Page 36 :** Hier soir, Clément se plaignit qu'il avait trop marché, qu'il était fatigué et que ses jambes lui faisaient mal. • **Page 37 :** Demain, Julie dira à Olivia qu'elle sera bien contente d'avoir fini ses devoirs, comme ça elle pourra aller jouer dehors et qu'après elle ira manger son goûter. • **Page 38 :** Soudain, le professeur remarqua que les élèves n'avaient pas lu le texte qu'il leur avait donné mais un autre ; ils s'étaient tous trompés de page. • **Page 39 :** Marcel se demanda s'il était possible que les choses fussent (soient) si mal faites. Le seul jour où il n'avait pas pris son parapluie, il se mettait à pleuvoir. Il n'avait vraiment pas de chance. • **Page 40 :** Élisabeth Jacquet de La Guerre (1665-1729) **était** la plus célèbre compositrice du XVIIIe siècle. Elle **écrivit** de nombreuses pièces pour le clavecin, dans lesquelles elle **mit** au point un style avant-gardiste, et se **fit** remarquer pour ses cantates. Bien qu'elle **soit** aujourd'hui tombée dans l'ombre de son célèbre cousin François Couperin, on **devrait** l'écouter plus souvent. • **Page 41 :** Maria Gaetana Agnesi (1718-1799) **consacra** une grande partie de sa vie à l'étude des mathématiques, bien que les femmes de son époque ne **puissent** généralement pas les étudier. À trente ans, elle publia un ouvrage qui **reçut** un tel succès qu'elle **obtint** un poste de professeur à l'université de Bologne. Une seule femme y **était parvenue** avant elle. En plus de cela, elle **parlait** de nombreuses langues : l'italien, le français, le latin, le grec, l'hébreu et quelques autres encore. • **Page 42 :** Lorsqu'Ada Lovelace (1815-1852) **lut** un texte de son mari, Charles Babbage, sur un projet de machine à calculer, elle **vit** tout de suite l'intérêt d'élaborer un langage automatisé. Ce **fut** ainsi qu'elle **rédigea** le premier programme informatique de l'histoire. Pourtant, son nom **resta** longtemps dans l'oubli et c'est son mari qui **devint** célèbre alors que c'est elle qui **aurait dû** être considérée comme une pionnière. • **Page 43 :** Qu'il **connaisse** son nom ou pas, tout amateur de peinture **aura vu** au moins une fois le portrait de Suzanne Valadon

(1865-1938), que ce **soit** dans un tableau de Renoir ou qu'il **s'agisse** d'une peinture de Toulouse-Lautrec. Malheureusement, bien qu'elles **possèdent** de grandes qualités et **montrent** tout son talent, les œuvres de Suzanne Valadon ne **reçurent** jamais la notoriété qu'elles **auraient dû** avoir. • **Page 44 :** Hector Berlioz (1803-1869) était un grand **compositeur** et un chef d'orchestre **français du XIXe siècle**. Il **dédia** sa *Symphonie fantastique* au tsar Nicolas Ier **de Russie**. Cette **symphonie** fut inspirée par l'actrice irlandaise Harriet Smithson, **qui** devint l'épouse **de Berlioz**. Ils **eurent** un fils **qui** devint marin. • **Page 45 :** Camille Saint-Saëns (1835-1921) **composa** *Le Carnaval des animaux* en 1886 pour **divertir** ses amis et sa famille. Saint-Saëns ne considérait pas **cette œuvre** comme sérieuse et interdit **aux musiciens** de la jouer jusqu'à sa mort. C'est pourtant **aujourd'hui** son œuvre la plus **connue**. Elle est souvent jouée **dans les salles de concert** mais est aussi utilisée dans des films et des publicités. • **Page 46 :** Maurice Ravel (1875-1937) composa son **célèbre** *Boléro* en 1928. La répétition mécanique du rythme rappelait **à Ravel** les chantiers de son enfance où travaillait **son père**. En effet, celui-ci était un ingénieur renommé qui **s'intéressait** notamment aux moteurs. **Cette œuvre** fut considérée **par certains** comme une pure folie et **par d'autres** comme un coup de génie. • **Page 47 : Au XVIIIe siècle**, Jean-Philippe Rameau (1683-1764) était **un compositeur français** très renommé. Dans son opéra *Les Indes galantes*, il **mit** en scène les Indiens d'Amérique. **Les Indiens y** dansaient et chantaient pour faire imaginer **au public** de l'époque leur vie. Le passage le plus **célèbre** en est sans doute l'*Air des Sauvages*.

VOCABULAIRE

Page 48 : 1. poème - **2.** personnage - **3.** suspense - **4.** comédie - **5.** policier - **6.** scène - **7.** fiction - **8.** réciter - **9.** inspiration - **10.** acte • **Page 49 : 1.** gondole - **2.** vestige - **3.** cardinaux - **4.** pilotis - **5.** équipage - **6.** amarres - **7.** paradisiaque - **8.** clapotis - **9.** bâbord - **10.** escale • **Page 50 : 1.** Préhistoire - **2.** Moyen Âge - **3.** chevalerie - **4.** pont-levis - **5.** Athénienne - **6.** égyptienne - **7.** espagnol - **8.** Rome - **9.** roi - **10.** roman • **Page 51 : 1.** constellation - **2.** étoiles - **3.** galaxie - **4.** Lune - **5.** Neptune - **6.** astronomie - **7.** NASA - **8.** loupe - **9.** navette - **10.** télescope • **Page 52 :** L'air **marin (maritime)** fait beaucoup de bien aux espèces **terrestres**. Qu'il s'agisse d'animaux **nocturnes** ou **diurnes**, ils souffrent souvent des conditions **hivernales**. Les armes **naturelles** sont alors d'un grand secours : les animaux **poilus** peuvent survivre sur place, tandis que les oiseaux **migrateurs** vont se réchauffer ailleurs. • **Page 53 :** La sortie **scolaire** s'est déroulée dans une grotte **préhistorique**. L'accord **parental** était nécessaire pour cette escapade **dangereuse**. L'idée **initiale** était de chercher les peintures **rupestres (murales)**, mais très vite, certains enfants ont trouvé des objets **enfouis** : il s'agissait d'objets **artistiques** et **décoratifs** réalisés avec des techniques **ancestrales (antiques, anciennes)**. • **Page 54 :** Ma famille **maternelle** est originaire d'Algérie ; c'est un pays **charmant**. On y trouve un climat **océanique**, mais aussi la rudesse **désertique**. La beauté **locale** est **inégalable (incomparable)** et les paysages sont **poétiques**. Parmi les pays **africains**, c'est le plus étendu. • **Page 55 :** C'était une nuit **cauchemardesque** : j'ai d'abord vu un visage **angélique**, qui s'est transformé en visage **démoniaque**. J'étais ensuite plongé dans un repas **dominical** où mes parents me posaient des questions **aléatoires** : à chaque réponse **incorrecte (erronée)**, je devais manger un macaron **bariolé (multicolore)**. C'est un rêve **récurrent (régulier)** à la période **estivale**. •

Page 56 :

Langage familier	Langage courant	Langage soutenu
rigolo / marrant	drôle	désopilant
boucan	bruit	vacarme
causer	parler	narrer
gamin / môme	enfant	bambin

Page 57 :

Langage familier	Langage courant	Langage soutenu
caisse / bagnole	voiture	automobile
pétoche / trouille	peur	crainte
chouiner	pleurer	larmoyer
gonfler	énerver	horripiler

Page 58 :

Langage familier	Langage courant	Langage soutenu
boulot	travail	emploi
mordu	amoureux	épris
baraque	maison	demeure
moche	laid	hideux
brailler	chanter	entonner

Page 59 :

Langage familier	Langage courant	Langage soutenu
bouquin	livre	ouvrage
crevé	fatigué	las
pioncer	dormir	s'assoupir
super	génial	prodigieux
crapahuter	marcher	déambuler

Page 60 : réponses possibles : demanda-t-il, répondit-elle, s'exclama-t-il, menaça-t-elle, admit-il • **Page 61 : réponses possibles :** englouti, savourant, déjeuner, dévoré, dîner • **Page 62 : réponses possibles :** enfilé, commençait, dressé, écrire / noter, placer / situer • **Page 63 : réponses possibles :** préparerai, organiserons, prononcerai, constituer, élaborer • **Page 64 : 1.** avoir la pêche - **2.** couper la poire en deux - **3.** être haut comme trois pommes • **Page 65 : 1.** être rouge comme une tomate - **2.** avoir un cœur d'artichaut - **3.** une feuille de chou • **Page 66 : 1.** ne pas mettre la charrue avant les bœufs. - **2.** avoir le bourdon / avoir le cafard - **3.** avoir un chat dans la gorge • **Page 67 : 1.** en mettre sa main au feu / en mettre sa main à couper - **2.** donner sa langue au chat - **3.** avoir le cœur sur la main • **Page 68 : 1.** autonome - **2.** automate - **3.** autocollant - **4.** autographe • **Page 69 : 1.** télésiège ou téléphérique - **2.** téléfilm - **3.** télescope - **4.** téléphone • **Page 70 : 1.** portemanteau - **2.** porte-avions - **3.** porte-bagages - **4.** porte-bonheur • **Page 71 : 1.** croque-mitaine (peut aussi s'écrire sans trait d'union) - **2.** croque-monsieur - **3.** croque-madame - **4.** croque-mort (peut aussi s'écrire sans trait d'union)

ÉCRITURE

Page 72 : Thalès marchait en regardant les étoiles en compagnie d'une jeune servante. Il lui parlait de leur beauté, tandis qu'elle voulait le prévenir qu'il y avait un trou sur le chemin. Thalès, qui n'écoutait pas la servante, tomba dans le trou. (Cet exercice reprend une histoire racontée par le philosophe Platon sur le mathématicien Thalès) • **Page 73 :** Anton attend la visite d'un inspecteur. Voyant passer Ivan, un homme bien habillé, il le prend pour l'inspecteur. Cela étonne Ivan qui, dans un premier temps, veut expliquer que ce n'est pas lui. Puis, face aux propositions alléchantes d'Anton, Ivan finit par accepter en se faisant passer pour l'inspecteur. (Cet exercice reprend l'idée de la pièce de l'écrivain russe Nicolas Gogol intitulée *Le Revizor*) • **Page 74 :** Un jeune homme va chez le médecin pour faire un certificat médical pour le sport. Le médecin l'examine et trouve des choses graves qui n'existent pas : il pense que le jeune homme a une maladie des poumons, qu'il est aveugle… Le médecin veut l'hospitaliser en urgence et le jeune homme ne sait plus quoi faire. (Cet exercice reprend l'idée de la pièce de Jules Romains intitulée *Knock*) • **Page 75 :** Le petit Marcel demande à sa maman de lui faire un bisou avant d'aller se coucher, mais elle est occupée avec les invités dans la salle à manger. Comme il insiste beaucoup, elle finit, agacée, par lui faire un bisou dans la salle à manger, ce qui est un demi-échec pour lui. Il s'en va et lui souhaite bonne nuit avec un peu de tristesse. (Cet exercice reprend l'idée des premières pages de *À la recherche du temps perdu* de Marcel Proust) • **Page 76 : 1.** miroir. Ex. : Je me suis regardé dans la glace. - **2.** eau gelée. Ex. : Quand on se cogne, il faut mettre de la glace sur le bleu pour qu'il n'enfle pas. - **3.** crème glacée. Ex. : J'aime manger des glaces en été. - **4.** présent du verbe « glacer ». Ex. : Ce vent froid me glace les os. • **Page 77 : 1.** production musicale. Ex. : J'aime écouter de l'opéra. - **2.** lieu où on joue de la musique. Ex. : Je suis allé à l'opéra écouter un concert. - **3.** pâtisserie. Ex. : L'opéra est fait de biscuit, de chocolat et de café. - **4.** passé simple du verbe « opérer ». Ex. : Le médecin opéra le blessé. • **Page 78 : 1.** matière de l'arbre. Ex. : J'ai mis du bois dans la cheminée. - **2.** forêt. Ex. : Promenons-nous dans les bois. - **3.** os sur la tête de certains animaux. Ex. : Les cerfs ont des bois sur la tête. - **4.** présent du verbe « boire ». Ex. : Je bois beaucoup de thé. • **Page 79 : 1.** ligne qui va du centre d'un cercle à sa circonférence. Ex. : Le rayon d'un cercle est la moitié de son diamètre. - **2.** zone circulaire. Ex. : On ne trouve aucune gare dans un rayon de dix kilomètres. - **3.** tige qui va du centre de la roue à la jante. Ex. : J'ai cassé un rayon sur la roue arrière de mon vélo. - **4.** lumière. Ex. : Un rayon de soleil passe par la fenêtre. • **Page 80 :** Pour être assistant du père Noël, il faut ne pas être frileux parce qu'on travaille en hiver, il faut être ponctuel parce qu'on ne peut pas se permettre de livrer les cadeaux en retard, il faut être gentil car on doit être bienveillant avec les enfants et il faut savoir faire de jolis emballages pour que les enfants soient émerveillés par leurs cadeaux. • **Page 81 :** Pour être astronaute, il faut ne pas avoir le vertige parce que cela peut être impressionnant quand on regarde la Terre depuis l'espace, il faut ne pas avoir le mal des transports parce qu'on risque d'être très secoué au décollage de la fusée, il faut être un bon pilote pour pouvoir naviguer dans l'espace et il faut être très sociable pour ne pas se disputer avec ses collègues, tous enfermés dans une navette spatiale. • **Page 82 :** Pour être vétérinaire, il faut aimer les animaux car on doit leur faire du bien, il faut ne pas avoir d'allergie aux poils d'animaux sans quoi le métier risque d'être impraticable, il faut avoir de bonnes connaissances en médecine pour savoir comment les soigner et il faut de la patience pour rassurer les animaux quand ils ont peur. • **Page 83 :** Pour être journaliste, il faut savoir bien écrire pour que les lecteurs aient plaisir à lire les articles, il faut être curieux pour aller chercher des informations intéressantes et originales, il faut bien articuler pour que les auditeurs comprennent ce que l'on dit et il faut être honnête pour donner des informations vraies même quand elles nous déplaisent. • **Page 84 :** Une veuve **avait une poule** qui pondait un œuf tous les jours. Elle s'imagina que si elle lui donnait plus d'orge, sa poule **pondrait deux fois par jour** et elle augmenta alors sa ration. Mais la poule, devenue grasse, ne fut même plus **capable de pondre une fois par jour**. • **Page 85 :** Dans une assemblée d'animaux, un singe **se leva et dansa**. Sa danse fut très appréciée et applaudie de toute l'assistance. Un chameau, envieux, **voulut gagner les mêmes éloges**. Il se leva et **essaya lui aussi de danser** ; mais il fit n'importe quoi, et les animaux indignés **le mirent dehors**. • **Page 86 :** Un laboureur, **sur le point de mourir**, voulut que ses enfants prennent de l'expérience en agriculture avant sa mort. **Il les fit venir et leur dit :** « Mes enfants, je vais bientôt quitter ce monde ; mais vous, cherchez ce que j'ai caché dans ma vigne, et vous trouverez **un trésor**. » Les enfants, s'imaginant **qu'il y avait enfoui un trésor en quelque coin**, bêchèrent profondément **tout le sol de la vigne** après la mort du père. De trésor, **ils n'en trouvèrent point** ; mais la vigne bien remuée **donna son fruit au centuple**. • **Page 87 :** Une maison **était infestée** de rats. Un chat, l'ayant su, s'y rendit, et, **les attrapant l'un après l'autre**, il les mangea. Or les rats, se voyant toujours pris, **s'enfoncèrent dans leurs trous**. Ne pouvant plus les atteindre, le chat pensa qu'il fallait **imaginer quelque ruse** pour les en faire sortir. C'est pourquoi il grimpa **à un portemanteau** et il feignit d'être mort. Mais un des rats, sortant la tête **pour regarder, l'aperçut et dit** : « Hé ! l'ami, même si on faisait de toi un sac, **je ne t'approcherais pas**. » • **Page 88 :** Cela faisait déjà une heure que je marchais dans le centre-ville à la recherche de la librairie. Enfin, je la vis et rentrai. Par manque de chance, je tournai parmi les livres sans jamais trouver celui qui était ma priorité. **Page 89 :** Après être entré dans le **minuscule gratte-ciel**, je me suis perdu dans les **sinuosités rectilignes**. Après quelques instants, je me suis retrouvé dans l'**obscurité lumineuse**, où une **foule de quelques personnes** m'attendait avec le **sourire triste**. J'aperçus parmi eux l'**hideuse beauté** d'un **ami hostile**. • **Page 90 :** J'ai **mille** choses à te raconter, mon **très cher** ami, concernant **la folle journée** d'hier. J'ai rencontré un **véritable vieillard**. Il s'agissait d'un **géant**, **mort de faim et de fatigue**, qui m'a offert un **trésor**.